W0286043

Zauberlehrling 4

Richtig schreiben

Herausgegeben von Ute Steinleitner
Illustriert von Markus Grolik

Verlag Moritz Diesterweg
Frankfurt am Main

Inhalt

Das bedeuten diese Zeichen:

Halte dich an die Aufschreibregeln von Felix, Amanda und Fridolin auf Seite 6.

Schreibe die Aufgaben in dein Schreibheft.

Bei diesen Aufgaben sollst du eigene Sätze schreiben.

ABC Die bei diesem Zeichen rot geschriebenen Wörter sind Merkwörter, die du besonders üben musst. Suche sie im Merkwörter-ABC auf den Seiten 64 bis 66 und umkreise die roten Aufpass-Stellen gelb.

© Diesterweg ISBN 3-425-01229-0

Ordnen nach dem Alphabet

1 Schreibe ein Namen-ABC auf.

2 Alles für den Bürobedarf. Ordne die Wörter alphabetisch.

Eckspanner
Hocker
Handy
Faxgeräte
Eurorechner
Hüllen
Gummiringe
Fineliner
Endlospapier
Glühbirnen
Hefte
Ersatzminen
Füller
Folien
Geldkassette

E

F

G

H

© Diesterweg ISBN 3-425-01229-0

1 Ordne die Städte nach dem Alphabet.

Bremen	Mainz	Heidelberg	Münster	Hannover	Bielefeld
Halle	Berlin	Magdeburg	Bonn	München	Hamburg

2 Ordne die Wörter nach dem Alphabet. Kontrolliere anschließend mit der Wörterliste.

herstellen hohl Hitze heizen	bevor Bett Beruf besser	erzählen erleben erwarten erlauben	messen Meer Medien Messer

3 Arbeite mit der ABC-Liste: erzählen, hohl, Meer

© Diesterweg ISBN 3-425-01229-0

1 Mache mit diesen Wörtern ein Aufschreibtraining. Kommentiere die markierten Aufpass-Stellen vor dem Schreiben.

Stecknadel	Cent	Erlebnis	Haarbürste
Europafahne	Segelboot	Glühbirne	Rennauto
Bergführer	Zahnärztin	Meerwasser	Kassette
Computer	Handarbeit	Fahrstuhl	Gebäude

2 Übe mit den folgenden Wörtern das richtige Aufschreiben.

Schreibtisch	Seelöwe	Abendstern	Küchenwaage
Wohnzimmer	Verkäuferin	Quadratzahl	Rätsel
Waldtiere	Spielzeug	Stehplatz	Fahrbahn
Spagetti	Farbband	Mädchen	Tennisball

3 Arbeite mit der ABC-Liste: Boot, Cent, Computer, fahren, Haare, Mädchen, See, Stuhl, Waage, Zahl

© Diesterweg ISBN 3-425-01229-0

1 Übe das richtige Aufschreiben.

Anweisung zum
richtigen Aufschreiben
Lies das Wort
oder den Sinnschritt.
Sprich deutlich.
Markiere
die Aufpass-Stellen
mit gelber Farbe
und kommentiere
die Schwierigkeit.
Decke ab und schreibe
auswendig auf.
Vergleiche zum Schluss
mit der Vorlage.
Radiere Fehler aus
und schreibe das Wort
mit Farbe richtig.

© Diesterweg ISBN 3-425-01229-0

2 Teile zuerst in Sinnschritte ein und befolge dann die Anweisung von Aufgabe 1.

Auf dem Weg zur Schule passieren immer wieder viele Unfälle. Manche Kinder überqueren die Straße ohne nach rechts und links zu schauen. Oft achten Autofahrer zu wenig auf die jungen Verkehrsteilnehmer. Für Fußgänger und Autofahrer gilt: Vorsicht auf der Straße!

Wörter abhören

1 Sprich die Mitsprechwörter deutlich und schreibe sie auf.

2 Setze diese Mitsprechwörter zusammen. Sprich sie beim Aufschreiben genau mit.

+

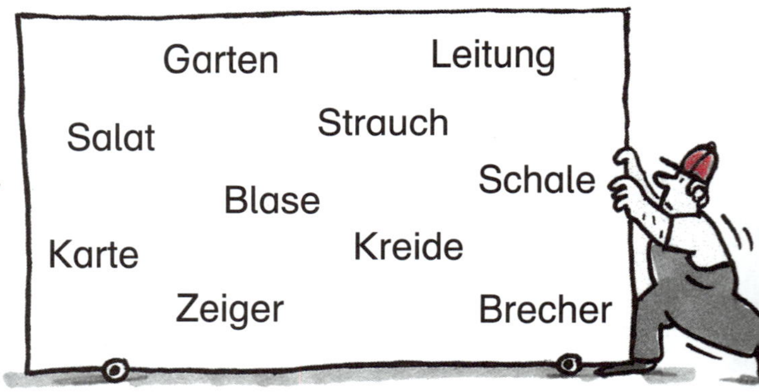

3 Lass dir die Wörter von Aufgabe 2 diktieren.

© Diesterweg ISBN 3-425-01229-0

1 Findest du die neun Mitsprechwörter? Schreibe sie auf.

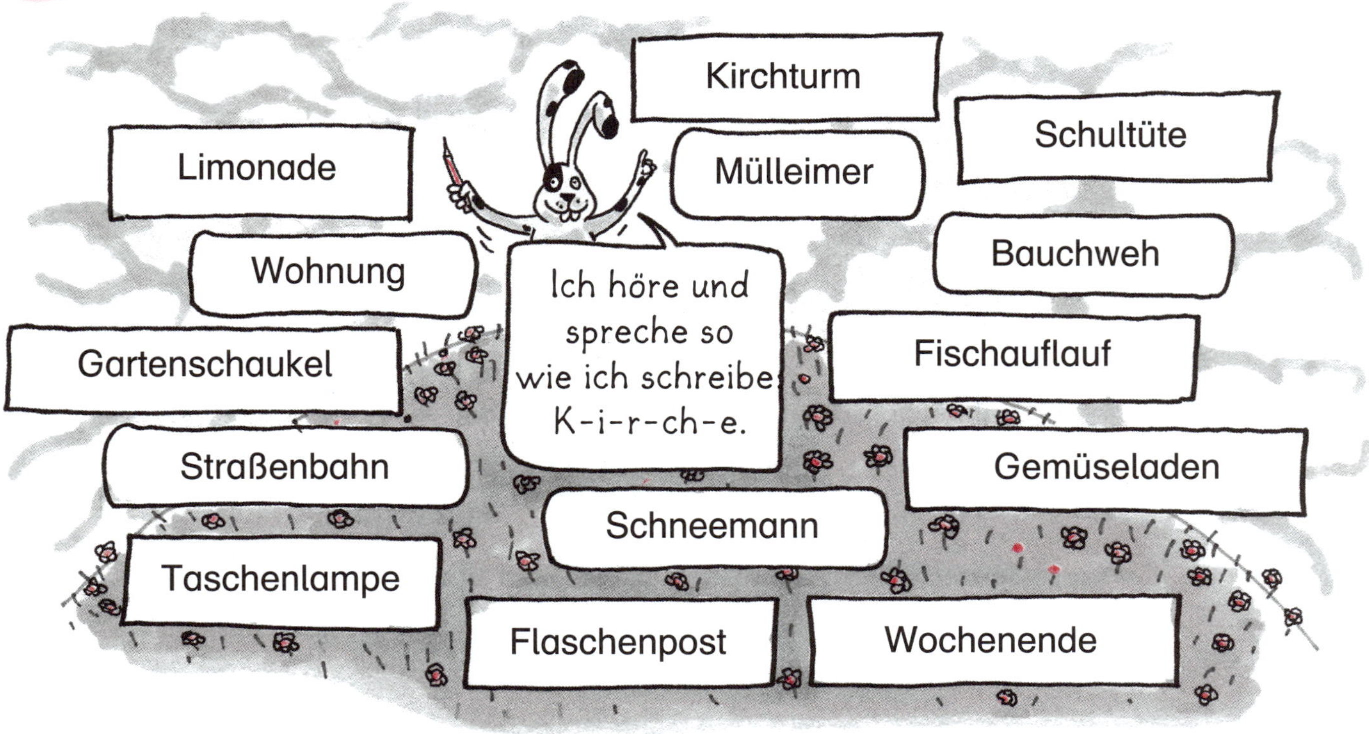

2 Zerlege die Mitsprechwörter von Aufgabe 1 in Silben.

Wo-chen-en-de,

© Diesterweg ISBN 3-425-01229-0

3 Die Sätze bestehen aus vielen Mitsprechwörtern. Lerne jeweils einen Satz auswendig und schreibe ihn dann auf.

Peter und seine Eltern leben auf dem Bauernhof.
Bauer Huber hat Enten und Schweine.
Er hat auch Kühe und Pferde.
Peter und Bauer Huber laufen oft hinter den Enten her.
Das frische Gemüse bringen der Bauer und seine Frau auf den Markt.
Manche Leute kaufen die Milch direkt auf dem Hof.

Silben

1 Suche aus deiner Wörterliste unter dem Buchstaben S je vier einsilbige, zweisilbige und mehrsilbige Wörter und schreibe sie in die richtige Spalte.

einsilbig	zweisilbig	mehrsilbig

© Diesterweg ISBN 3-425-01229-0

2 Die Silben wurden falsch zusammengesetzt. Schreibe die Tiernamen richtig auf.

KODILKRO ____________ LEFANTE ____________

RAFGIFE ____________ MEDRODAR ____________

ARGUJA ____________ INGUPIN ____________

GURUKÄN ____________ OPARDLE ____________

3 Vertausche die Silben zu lustigen Tiernamen.

PA PA GEI   SCHIM PAN SE   GO RIL LA

____

FO REL LE   MUR MEL TIER   MA RI EN KÄ FER

____

1 Kannst du die Silben zu sinnvollen Wörtern zusammensetzen? Schreibe sie auf.

NU SUP DEL PE

RAD KLIN FAHR GEL

SCHRAU ZIE BEN HER

SCHLÜS LER KEL SEL

PASS DEL NA KOM

SÜ TEN KEI ßIG

MA TO SA TEN LAT

MA CHEN KÜ NE SCHI

GE TAGS KU BURTS CHEN

2 Hier kannst du mit den Silben neue Wörter bilden.

abfallen, absagen,

© Diesterweg ISBN 3-425-01229-0

1 Setze die Lösungswörter aus den Silben zusammen.

a - di - ein - Eu - kei - Kreu - laub - Ma - nen - nen - o - pa - Ra - richt - ro - schi - ßig - Sü - ten - ter - ter - The - Trä - Un - Ur - Ver - zung

Hier finden Aufführungen statt:
Erdteil:
Zwei Straßen kreuzen sich:
Hier treffen sich Leute zum Sport:
Sie helfen uns im Haushalt:
Es sendet viel Musik:
Sie fließen aus den Augen:
Schokolade, Bonbons usw:
Er findet in der Schule statt:
Ferienzeit:

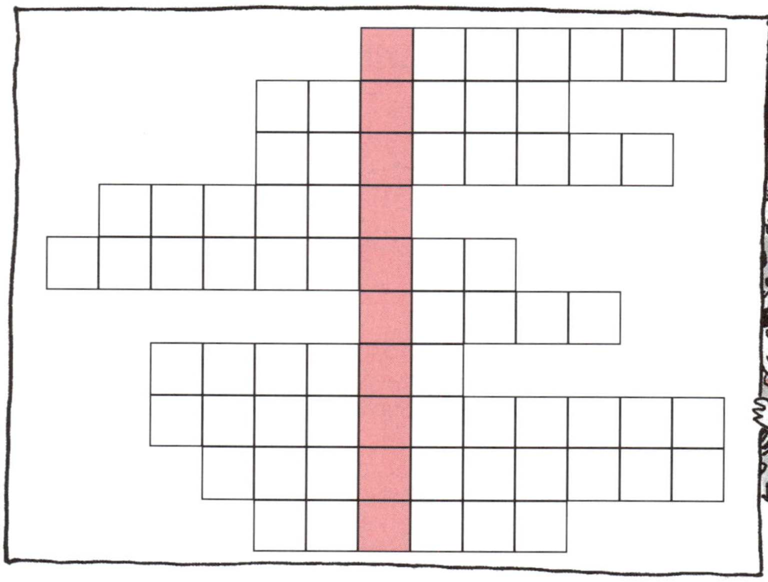

2 Die Buchstaben in der farbigen Spalte ergeben das Lösungswort. Schreibe auf, was Fridolin oben dazu sagt.

→ ______________________________

____

3 Zerlege die Lösungswörter von Aufgabe 1 selbstständig in ihre Silben.

4 Sprich die Wörter in Silben getrennt und schreibe sie auf.

er war ten, Ge mein de, wich tig, tau send, ei gent lich, fer tig, zeich nen, ent ge gen

5 Arbeite mit der ABC-Liste: Süßigkeit, Theater

© Diesterweg ISBN 3-425-01229-0

1 Verbinde mit der richtigen Silbe und schreibe die Wörter auf.

bes	se
Flüs	fen
schaf	ser
Gewit	ne
Tan	ter

fres	tern
hof	meln
klet	tag
Mit	sen
sam	fen

2 Trenne die Wörter entsprechend der Silbenbögen.

Blit ze, ver let zen, schüt zen, Ge set ze, Hit ze, krat zen, schmut zig,

letz ter, be nutz te, schwitz te, plötz lich, Ver letz te, ge setz lich

© Diesterweg ISBN 3-425-01229-0

3 Trenne die Wörter.

Fichte - Feuchtigkeit - Füchse - wichtig
Richtung - quatschen - deutsche - matschig
rutschen - entwickeln - Brücke - packen
Wecker - dreckig

Großschreibung

1 Suche die versteckten Nomen/Substantive. Fahre sie bunt nach und schreibe sie auf.

G	E	B	U	R	T	S	T	A	G	H	Z
O	E	R	L	A	U	B	N	I	S	Ö	E
T	R	M	E	N	P	A	K	E	T	H	I
T	L	Ä	N	G	E	C	R	G	O	E	T
D	E	U	T	S	C	H	L	A	N	D	U
F	B	R	S	T	A	D	T	R	I	O	N
E	N	Ä	H	E	H	E	I	Z	U	N	G
U	I	M	A	G	N	E	T	T	P	N	O
E	S	A	T	Z	N	R	Ä	T	S	E	L
R	U	P	R	O	G	R	A	M	M	R	D

waagerecht:

senkrecht:

2 Verwende die Wörter aus Aufgabe 1 in eigenen Sätzen.

3 Bilde durch das Reimen neue Nomen/Substantive.

Laub	Satz	Feuer	Land	Gramm	Flöhe
St	Pl	St	R	K	H

4 Arbeite mit der ABC-Liste: Stadt

© Diesterweg ISBN 3-425-01229-0

1 Schreibe die farbigen Nomen/Substantive heraus und markiere die Aufpass-Stellen.

In den Medien wird auf die Eröffnung des neuen Supermarktes für Technik hingewiesen. Auf einer Skizze in der Zeitung ist die zentrale Lage erkennbar. Das Interesse der Bevölkerung ist groß. Ein Clown begrüßt die Leute und verteilt Informationen. Videorekorder, Fernseher, Computer, Disketten, Kassettenrekorder, Faxgeräte und Handys sind in reicher Auswahl erhältlich. Auch ein Container für Recycling steht bereit.

© Diesterweg ISBN 3-425-01229-0

2 Setze unter deine Wörter von Aufgabe 1 Silbenbögen.

3 Unterteile den Text von Aufgabe 1 in Sinnschritte. Übe mit ihm das richtige Aufschreiben.

4 Arbeite mit der ABC-Liste: Clown, Container, Fax, Handy, Information, Interesse, Recycling, Skizze, Video

Nomen/Substantive mit nachgestellten Wortbausteinen

1 Bilde Nomen/Substantive. Fahre die Wortbausteine **-ung**, **-heit** und **-keit** bunt nach.

erzählen feucht entfernen frei ändern dumm deutlich schwierig flüssig trocken krank fröhlich impfen gesund beleuchten

-ung	**-heit**	**-keit**

2 Bilde Nomen/Substantive.

verspäten - verpacken - verletzen - verbrennen - verschmutzen - verbessern

Ver	spät	ung			

© Diesterweg ISBN 3-425-01229-0

1 Mit dem Wortbaustein **-er** kannst du Nomen/Substantive bilden.

entdecken ______

gewinnen ______

lehren ______

verkaufen ______

verbrauchen ______

wählen ______

verlieren ______

beobachten ______

2 Verändere die Wörter mit den Wortbausteinen **-in** und **-innen**.

	in	innen
Arzt		
Lehrer		
Polizist		
Schriftsteller		
Verkäufer		

© Diesterweg ISBN 3-425-01229-0

3 Bilde Nomen/Substantive und setze sie in die Mehrzahl.

	nis	nisse
erleb en		
ergeb en		
zeug en		
ereign en		
erkenn en		
geheim		

Zusammengesetzte Nomen/Substantive

1 Male die Wortkarten, die du zu einem neuen Nomen/Substantiv zusammensetzen kannst, mit derselben Farbe an.

Laub	turnen	weiß	schreiben	hoch	Fuchs
Block	Brot	Wald	Bau	Verein	Haus

2 Schreibe die zusammengesetzten Nomen/Substantive von Aufgabe 1 auf.

3 Schreibe mit den Wörtern von Aufgabe 2 eigene Sätze. Überprüfe, ob du alle Nomen/Substantive großgeschrieben hast.

4 Bilde mit den Verben und den Bildern zusammengesetzte Nomen/Substantive.

fahren
drehen

hängen
stehen

stricken
nähen

5 Mit welchen Wörtern unter R in der Wörterliste kannst du zusammengesetzte Nomen/Substantive bilden?
Beispiel: Windrad, Radiergummi, …

© Diesterweg ISBN 3-425-01229-0

1 Welche Berufe üben die Menschen aus? Verbinde und schreibe auf.

Bäcker	Technikerin	Bagger	Bauer
Fernseh(er)	Lehrling	Zeitung(s)	Reiniger
Taxi	Helfer	Maschinen	Reporterin
Arzt	Fahrerin	Gebäude	Führer

2 Suche für dich und deine Mutter Suppe, Fleischgericht, Beilage und einen Nachtisch aus.

Lauch
Fisch
Gemüse

Schweine
Rinder
Lamm
Kalb(s)

Tomate(n)
Kartoffel
Gurke(n)
Kraut

Vanille
Erdbeer
Walnuss
Schokolade(n)

3 Setze die Adjektive und Nomen/Substantive sinnvoll zusammen.
Male sie jeweils mit der gleichen Farbe an.

4 Schreibe die zusammengesetzen Wörter von Aufgabe 3 auf.

© Diesterweg ISBN 3-425-01229-0

Umlaute ä und äu

1 Für welche Wörter mit **ä** findest du ein verwandtes Wort mit **a**? Streiche durch und schreibe das Wortpaar auf.

Käfer quälen Gerät ähnlich Käfig Städte
Ärztin Gewächs während Geschäft Lärm nähen
verspäten Glätte erklären Träne

Qual glatt Stadt schaffen
Arzt ahnen wachsen klar Naht

2 Zu den Wörtern, die übrig bleiben, gibt es kein verwandtes Wort mit **a**. Arbeite mit ihnen in der ABC-Liste.

3 Verwende jedes Wort von Aufgabe 2 in einem Satz.

4 Suche verwandte Wörter.

verspäten: ______

ärgern: ______

© Diesterweg ISBN 3-425-01229-0

1 Findest du zu diesen Wörtern selbst das verwandte Wort mit **a**? Die Wörterliste hilft dir.

schälen ______	stärken ______
ängstlich ______	Schärfe ______
gefährlich ______	härter ______
kräftig ______	älter ______
Mäppchen ______	lässt ______

2 In den Bildern findest du Wörter mit **äu**, die von den unteren Wörtern abstammen. Schreibe sie auf.

______

Braut | saugen | Traum | laufen

3 Findest du zu diesen Wörtern das verwandte Wort mit **au**? Die Wörterliste hilft dir.

aufräumen ______	Gebäude ______
säubern ______	häufig ______
läuten ______	Käufer ______
gläubig ______	äußerlich ______
Geräusch ______	schäumen ______

4 Verwende einige Wörter mit **äu** von Aufgabe 3 in eigenen Sätzen.

______

______

______

______

© Diesterweg ISBN 3-425-01229-0

Auslautverhärtung

1 Verlängere die Wörter und mache dadurch das **d** hörbar.

Stran**d** ______________________ jeman**d** ______________________

Lan**d** ______________________ nieman**d** ______________________

Wal**d** ______________________ wil**d** ______________________

Bran**d** ______________________ blin**d** ______________________

Lie**d** ______________________ tausen**d** ______________________

2 Mache das **b** durch eine Verlängerung hörbar.

Urlau**b** ______________________ schrie**b** ______________________

Gra**b** ______________________ blie**b** ______________________

Sta**b** ______________________ scho**b** ______________________

Stau**b** ______________________ ga**b** ______________________

3 Mache das **g** durch eine Verlängerung hörbar.

Flu**g** ______________________ bo**g** ______________________

Zu**g** ______________________ la**g** ______________________

Bur**g** ______________________ zo**g** ______________________

Krie**g** ______________________ wo**g** ______________________

© Diesterweg ISBN 3-425-01229-0

1 Verlängere das Wort mit dem Auslaut **b/d/g** und schreibe beide Wörter auf.

Erlau**b**nis	We**g**weiser	Gel**d**kassette	Ber**g**bahn
Erle**b**nis	Lan**d**karte	Gesun**d**heit	Urlau**b**sreise

Erlaubnis → erlau - ben,

2 Auch hier hilft das Verlängern. Schreibe beide Wörter auf.

Er - de →

3 Bilde zusammengesetzte Nomen/Substantive und schreibe jeweils einen Satz.

Laub → Baum, Säge, Wald, Frosch

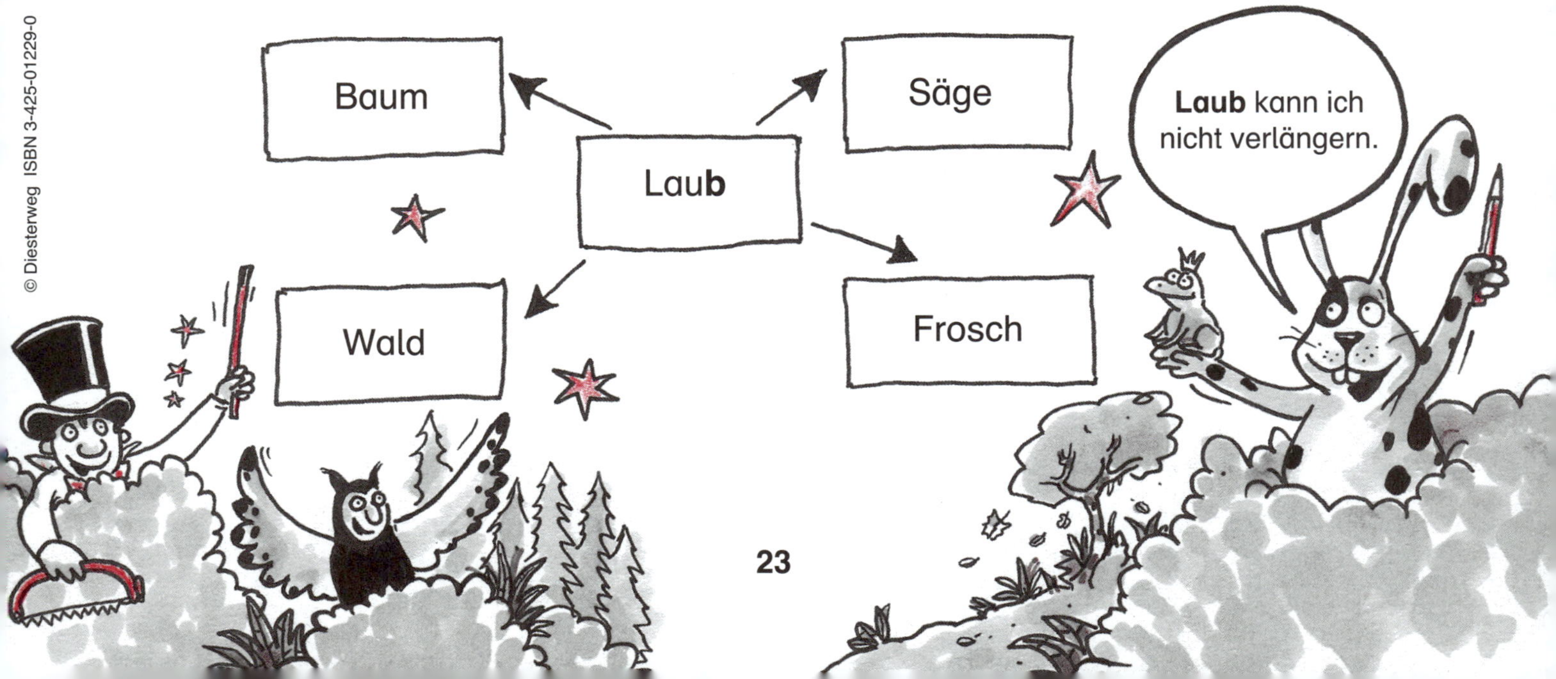

© Diesterweg ISBN 3-425-01229-0

Wörter mit ie

1 Schreibe die Wörter mit **ie** von den Karten auf.

2 Schreibe die Lösungswörter mit **ie** auf. Kontrolliere sie mit der Wörterliste.

Zwei Völker kämpfen gegeneinander.

Man bezahlt sie monatlich für die Wohnung.

Es wird nach Noten gespielt oder gesungen.

Nadelbaum mit langen Nadeln

Wer hier zuerst durchläuft, hat den Wettlauf gewonnen.

Die Abkürzung z.B. bedeutet: zum ...

© Diesterweg ISBN 3-425-01229-0

1 Trage das passende Verb mit **-ieren** ein. Die Wörterliste hilft dir.

jemanden anrufen
eine Auskunft einholen
mit Nummern versehen
gemütlich herumlaufen
etwas versuchen
ein Spiel nicht gewinnen

							i	e	r	e	n

2 Kannst du dichten? Setze die Verben richtig ein und schreibe das Gedicht auf.

studieren - addieren - buchstabieren - subtrahieren - radieren - probieren - halbieren - verlieren - schmieren

Diesen Text musst du ______________________,
manche Wörter ______________________.
Vier plus drei nennt man ______________________,
mit minus heißt es ______________________.
Den Apfel für zwei musst du ______________________.
Ist etwas falsch, darfst du ______________________
und es noch einmal ______________________.
Doch dabei solltest du nicht ______________________,
sonst muss ich die Geduld ______________________.

© Diesterweg ISBN 3-425-01229-0

1 Schreibe die Verben mit **ie** für die gezeichneten Tätigkeiten auf.

______________________ ______________________ ______________________

2 Schreibe zu den Bildern von Aufgabe 1 jeweils einen Satz.

3 Male die Reimwörter mit der gleichen Farbe an und schreibe sie dann auf.

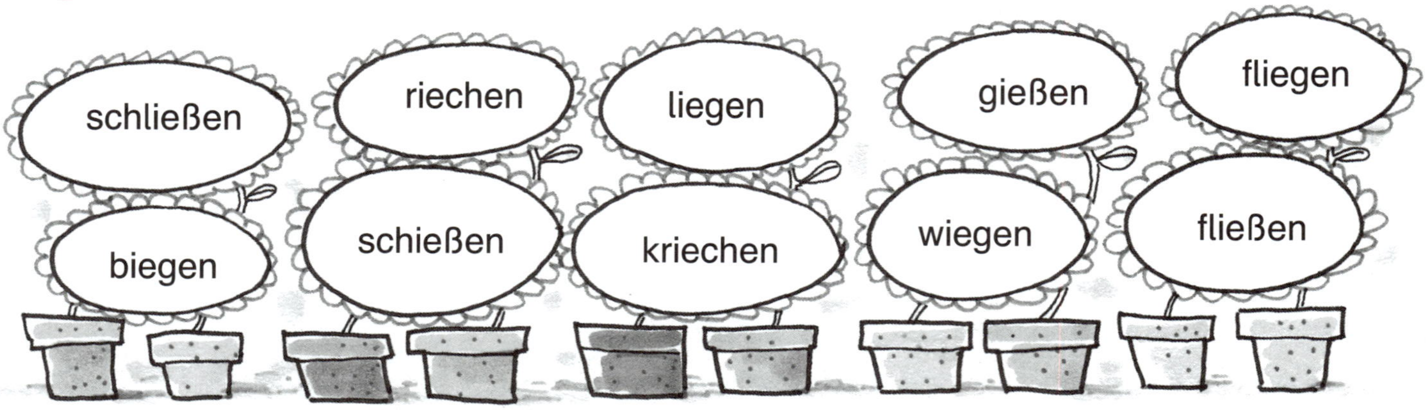

4 Die Vergangenheitsform dieser Verben hat ein **ie**. Schreibe sie auf. Die Wörterliste hilft dir.

Einzahl		Mehrzahl	
lassen - ich	______	fallen - wir	______
schlafen - du	______	steigen - ihr	______
schreien - er	______	treiben - sie	______
heißen - sie	______	schweigen - wir	______
bleiben - es	______	reiben - sie	______

5 Arbeite mit der ABC-Liste: fließen, gießen, heißen - hieß, ließ, schießen, schließen

© Diesterweg ISBN 3-425-01229-0

1 Maschinen erleichtern die Arbeit. Setze zusammen und schreibe auf.

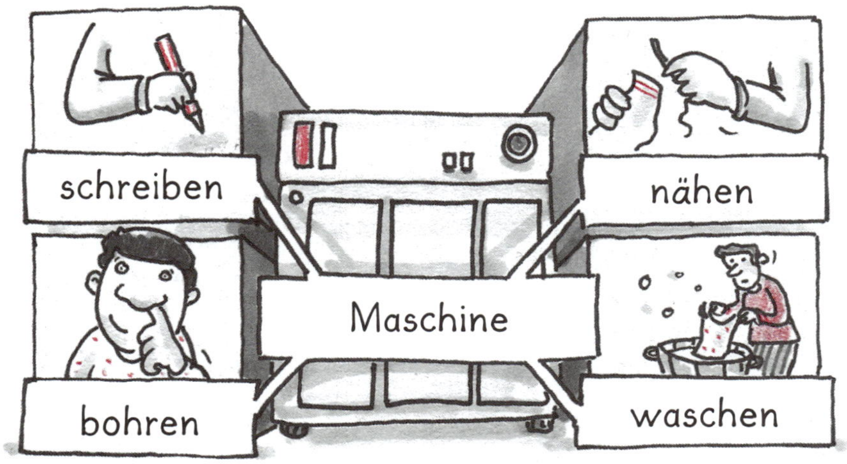

2 Die Endungen **-in** und **-ine** findest du bei folgenden Rätselwörtern.

Darum sind Obst und Gemüse so gesund:

Frucht mit orangener Schale:

Häuser und Menschen werden von ihr verschüttet:

Ein Auto braucht es zum Fahren:

Du nimmst sie, wenn du krank bist:

© Diesterweg ISBN 3-425-01229-0

3 Diese Wörter musst du dir merken. Schreibe sie auf und bilde Sätze mit ihnen.

Tiger Igel Krokodil Biber Nilpferd

4 Arbeite mit der ABC-Liste: Apfelsine, Benzin, Krokodil, Lawine, Maschine, Medizin, Tiger, Vitamine

Mitlautverdopplung

1 Schreibe die Nomen/Substantive mit den doppelten Mitlauten auf.

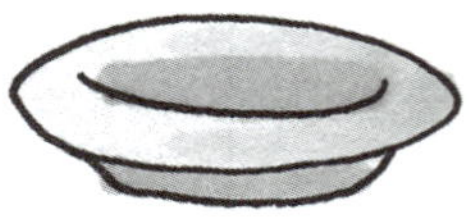

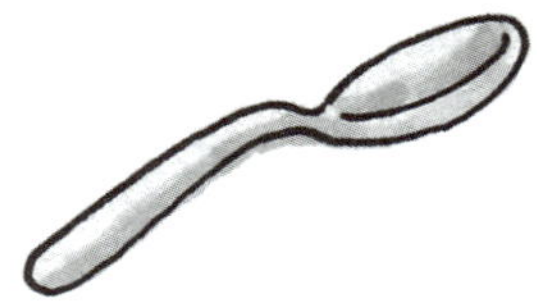

2 Hier steht der doppelte Mitlaut am Schluss. Schreibe die Nomen/Substantive auf.

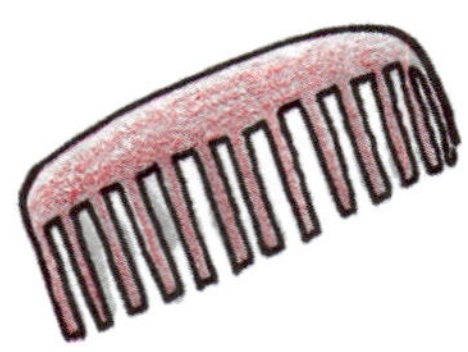

3 Auch diese Verben haben einen doppelten Mitlaut. Schreibe sie auf.

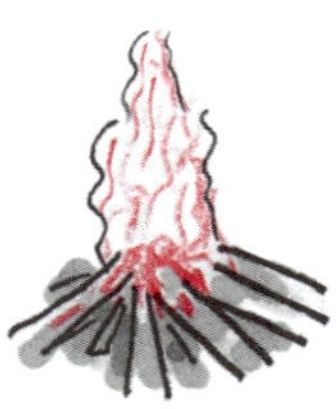

© Diesterweg ISBN 3-425-01229-0

1 Zerlege die Wörter von Aufgabe 1 und Aufgabe 3 der Seite 28 in Silben.

Tas - se,

2 Bilde die Mehrzahl zu den Wörtern von Aufgabe 2 der Seite 28 und zerlege sie in Silben.

Bet -

3 Suche zu diesen Wörtern eine zweisilbige Form.

Sta**mm**baum	Stäm - me	Schwi**mm**bad	
Tre**ff**punkt		Gla**tt**eis	
Sti**mm**zettel		Du**mm**heit	
Pa**ss**bild		Sa**mm**lung	
Re**nn**auto		Fa**ll**schirm	

© Diesterweg ISBN 3-425-01229-0

4 Denke bei der Vergangenheit an die Grundform des Verbs. Schreibe beide Wörter auf.

begann - verbrannte - schwamm - gewann - kannte - rannte

5 Verwende die Wörter von Aufgabe 4 in eigenen Sätzen.

1 Ordne die zusammengehörenden Wörter immer auf einer Karte und male die Aufpass-Stellen mit den doppelten Mitlauten bunt an.

stimmen - Mitte - Interesse - brennen - Mittwoch - hoffen - brennbar - Hoffnung - Stimme - verbrannt - Mittag - interessieren - bestimmt - interessant - hoffentlich - Verbrennung - Stimmung - Mittelalter - unverhofft - interessiert

2 Schreibe zu den folgenden Wörtern ein verwandtes Wort und markiere die gleichen Aufpass-Stellen. Die Wörterliste hilft dir: Schatten - schattig, ...

Schatten - nass - Nummer - beginnen - besser - Donner - dumm - Schaffner

© Diesterweg ISBN 3-425-01229-0

1 Schreibe die passenden Reimwörter jeweils in eine Zeile.

Bett · Fluss · Hanne · essen · Skelett · Kuss · fett · Wanne · Kanne · Kamm · nett · Programm · Tanne · vergessen · Nuss · messen · Schluss · Schwamm · fressen

2 Setze zusammen und schreibe auf.

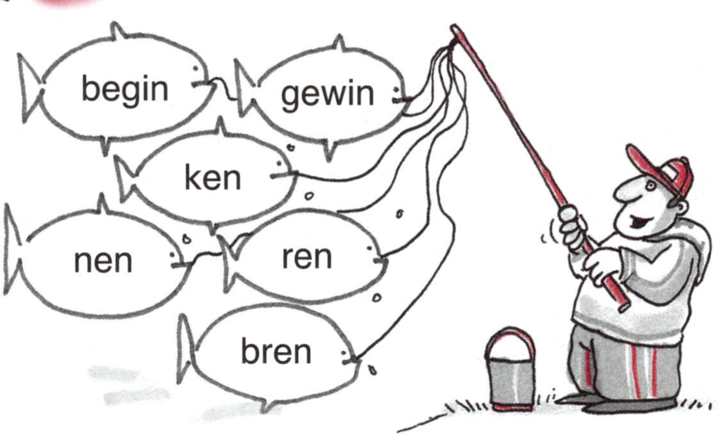

nen

sen

3 Erkennst du diese Wörter? Schreibe sie auf.

Schall · Müll · Quelle · voll · Gewitter · dünn

4 Schreibe mit jedem Wort von Aufgabe 3 einen Satz.

© Diesterweg ISBN 3-425-01229-0

Wörter mit tz

© Diesterweg ISBN 3-425-01229-0

1 Erkennst du die Wörter mit **tz**? Schreibe sie auf.

pl★tzl★ch - z★l★tzt - Bl★tz - G★s★tz - l★tzt★

2 Schreibe mit jedem Wort der Aufgabe 1 einen Satz.

3 Du findest immer drei verwandte Wörter. Ordne und schreibe sie auf.

Hitze, schmutzig, spitzen, Schutz, Nutzen, Verletzung, Schmutz, spitz, schutzlos, unverletzt, hitzefrei, benutzen, Spitze, verschmutzen, nützlich, verletzen, beschützen, erhitzen

1 Male immer die drei Reimwörter mit der gleichen Farbe an und schreibe sie auf.

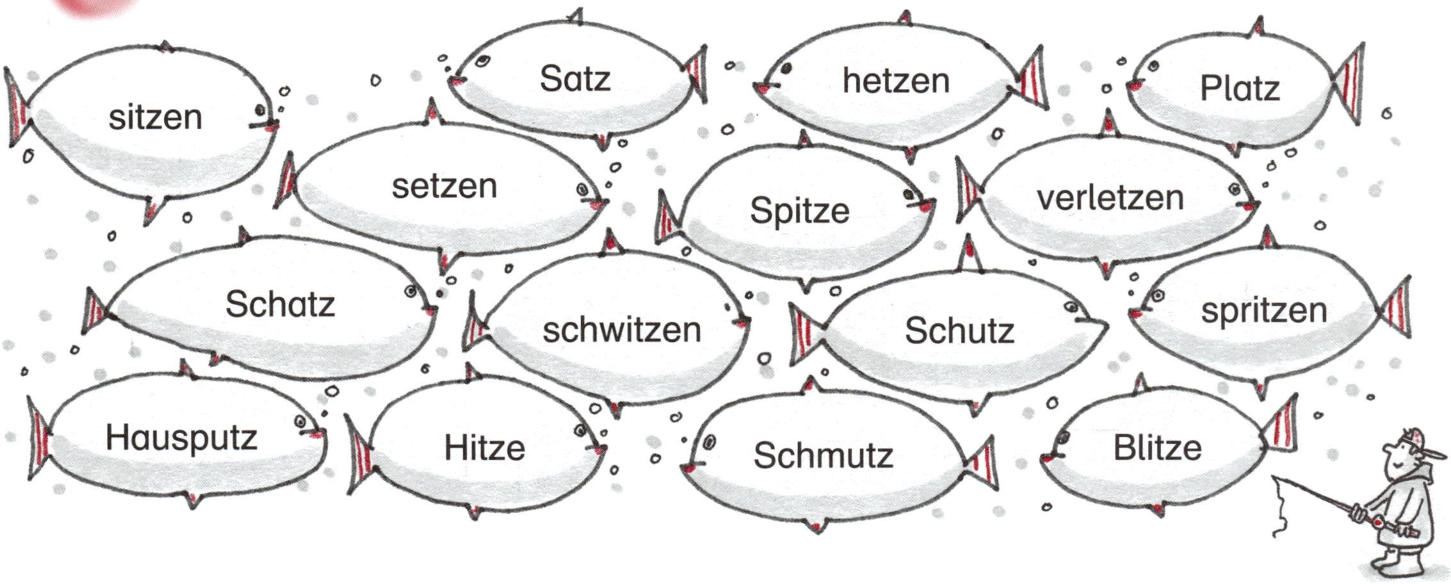

2 Achte auf das **tzt** in der Personalform und setze die Verben richtig ein.

verletzen - sitzen - benutzen - schützen - verschmutzen

Ungereinigtes Abwasser ____________________ unsere Flüsse.

____________________ unsere Pflanzen und Tiere!

Der Jäger ______________ auf dem Hochsitz. Er ____________________

ein Fernglas. Damit entdeckt er ein Kitz. Es ist ____________________ .

3 Übe mit den Sätzen von Aufgabe 2 das richtige Aufschreiben.

4 Zwei Wörter mit **zz**. Schreibe zu jedem Bild einen Satz.

Pizza

Skizze

© Diesterweg ISBN 3-425-01229-0

1 Suche die Wörter mit **ck** im Gitterrätsel. Fahre sie bunt nach und schreibe sie dann auf.

B	R	Ü	C	K	E	D	O	R	P	I	G
U	N	L	O	A	B	R	K	U	Ä	V	L
D	I	C	K	W	L	E	N	S	C	M	Ü
S	A	C	K	X	I	C	E	C	K	E	C
S	C	H	R	E	C	K	L	I	C	H	K
T	B	L	O	C	K	D	W	A	H	F	L
Ü	L	S	C	H	M	E	C	K	E	N	I
C	R	A	K	B	A	C	K	E	N	U	C
K	E	N	T	D	E	C	K	E	N	P	H

waagerecht: ______________________

____

____

____

____

____

senkrecht: ______________________

____

____

2 Erkennst du diese Wörter mit **ck**? Schreibe sie auf und bilde mit jedem Wort einen Satz.

Hecke aufwecken entwickeln trocken Zucker zurück

3 Hier kannst du reimen.

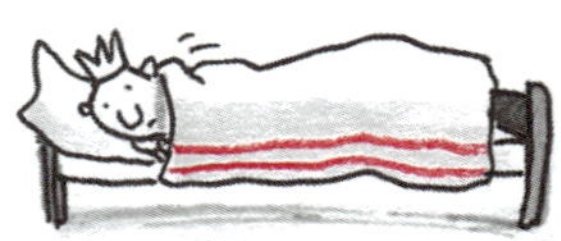

wecken: entd__________, erschr__________, schm__________

Ecke: D__________, H__________, Str__________

zurück: Gl__________, St__________

© Diesterweg ISBN 3-425-01229-0

1 Achte auf das **ck** am Silbenende. Schreibe das zweisilbige Wort dazu.

Trockner trocken ____________ Päckchen ____________

Backwaren ____________ Stricknadel ____________

Eckball ____________ Druckknopf ____________

Stecknadel ____________ schrecklich ____________

2 Schreibe zu den Verben ein verwandtes Nomen/Substantiv auf.

backen ____________ entdecken ____________

drücken ____________ erschrecken ____________

blicken ____________ verpacken ____________

wecken ____________ schmecken ____________

3 Trenne die Verben von Aufgabe 2.

ba - cken, ____________

____

____

4 Setze die Wortstämme pack blick deck und drück mit passenden Wortbausteinen zusammen. Beispiel: packen – verpacken, abpacken, ...

ver- vor- zer- ent- zu-

ab- auf- um- weg- aus-

an- ein- -en

© Diesterweg ISBN 3-425-01229-0

Doppelter Mitlaut durch Zusammensetzen

1 Zwei gleiche Mitlaute treffen zusammen. Schreibe die Wörter auf und trenne sie an der Nahtstelle. Markiere die getrennten Buchstaben.

Schlüssel-

2 Setze die Wörter zusammen. Schreibe sie auf und markiere die beiden gleichen Mitlaute.

Teller, Wasser, Mund, Nebel, Anorak, Rad, Rand, Kapuze, Dusche, Lampe

3 Hier treffen drei gleiche Mitlaute zusammen. Verbinde und schreibe auf.

Pass, Fahrt, Bett, Farben

Schiff, Straße, Stoff, Tuch

© Diesterweg ISBN 3-425-01229-0

1 Hier endet der Wortbaustein mit dem Mitlaut, mit dem das Verb beginnt. Setze zusammen und schreibe auf. Markiere die Nahtstelle farbig.

aussägen,

2 Aus diesen Verben kannst du Nomen/Substantive bilden. Schreibe sie auf.

aufführen	überraschen	enttäuschen
unterrichten	einnehmen	aussprechen

3 Setze die Wörter von Aufgabe 2 richtig ein.

Die ________________ ist dir wirklich gelungen.

Die ________________ deiner englischen Wörter ist sehr gut.

Die ________________ vom Schulfest betragen 250 Euro.

Der ________________ endet heute um 12.15 Uhr.

Seine ________________ war groß.

Die ________________ beginnt um 20.00 Uhr.

4 Übe mit den Sätzen von Aufgabe 3 das richtige Aufschreiben.

© Diesterweg ISBN 3-425-01229-0

Verben in der Vergangenheit

1 Suche die Grundform zu diesen Verben in deiner Wörterliste.

	Grundform		Grundform
kam		gewann	
fror		goss	
saß		geschah	
rannte		fraß	
wuchs		hielt	

2 Lies die beiden Formen der Aufgabe 1 laut und markiere die Aufpass-Stellen.

3 Male die zusammengehörenden Verben mit der gleichen Farbe an und schreibe sie auf.

treffen -

© Diesterweg ISBN 3-425-01229-0

1 Diese Vergangenheitsformen hast du auf Seite 38 geübt. Schreibe sie nun auswendig auf.

treffen	traf	gewinnen	
sitzen		halten	
kommen		frieren	
rennen		gießen	
wachsen		geschehen	
schwimmen		fressen	
erschrecken		beginnen	

2 Setze die richtigen Verben in der Vergangenheit ein und schreibe den Text auf.

Das Spiel (?) um 17.00 Uhr. Viele Zuschauer (?) auf den Tribünen. In der ersten Viertelstunde (?) nichts Aufregendes. Ein Stürmer (?) nur den Pfosten. Dann (?) der Torwart einen Elfmeter. Schließlich (?) der FC Palau 2:0. Während des Spiels (?) es in Strömen.

3 Arbeite mit der ABC-Liste: fraß, nehmen - nahm, saß, wachsen - wuchs

© Diesterweg ISBN 3-425-01229-0

Wortfamilien

1 Schreibe diese Wortfamilie auf.

2 Schreibe die Wörter auf und kreise den Wortstamm farbig ein.

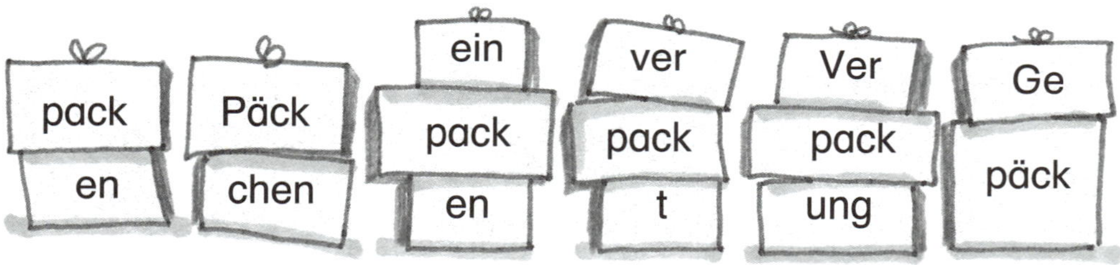

3 Vorsicht! In jeder der vier Kisten hat sich ein Wort aus einer fünften Wortfamilie versteckt.
Schreibe die fünf Wortfamilien geordnet auf.

bauen Bau Gebäude fallen anbauen	Frieden Unfall zufrieden friedlich Unfriede	kühlen Kühlung Fall kühl Kühlschrank	ärgern arg ärgerlich Ärger fällig

© Diesterweg ISBN 3-425-01229-0

1 Durch Wortbausteine entstehen neue Wörter. Schreibe sie auf.

vorsichtig
ordentlich
vollständig
gefährlich

reißen
fließen
beißen
drücken

spannen
schließen
täuschen
wickeln

unvorsichtig, ______________________________

____

____

____

2 Trage die fehlenden Wörter der Wortfamilie ein. Umkreise den Wortstamm farbig.

Verb	Nomen/Substantiv	Adjektiv	weiteres Wort
ängstigen			
		nah	
verlängern			
	Öffnung		
		stark	

3 Suche zu den verschiedenen Wortstämmen selbstständig weitere Wörter.

STIMM ______________________________

RUH ______________________________

NÜTZ ______________________________

MIET ______________________________

HUNG ______________________________

BAU ______________________________

4 Arbeite mit der ABC-Liste: beißen, gefährlich, reißen, süß, voll, vollständig

© Diesterweg ISBN 3-425-01229-0

Nachgestellte Wortbausteine

1 Welchen Wortbaustein musst du anhängen: **-ig** oder **-lich**? Schreibe die Adjektive auf.

Durst, Frieden, Vorsicht, Glück, Fluss, Geschäft, Ende, Ärger, Christ, Ecke, Fleiß, Schatten, Jugend, Haufen

2 Verlängere die Wörter mit dem Wortbaustein **-ig** von Aufgabe 1. Jetzt hörst du das **g**.
Beispiel: *Der Hund ist durstig.* → *der durstige Hund*

3 Setze das passende Wort mit dem Wortbaustein | -lich | ein. Übe mit den Sätzen das richtige Aufschreiben.

Dieses Missgeschick ist wirklich ______________________. Meine Mutter hatte ______________________ in Berlin zu tun. Die Demonstration verlief ______________________. Über die gute Note ist Lisa ______________________.
Dein Vater sieht noch sehr ______________________ aus.

© Diesterweg ISBN 3-425-01229-0

1 Hier macht der Wortbaustein **-isch** aus dem Nomen/Substantiv ein Adjektiv.
Vervollständige die Sätze.

Draußen tobt ein heftiger Sturm. Es ist ______________________ . Manchmal benehmen sich Erwachsene wie Kinder. Sie sind ______________________ .

Er trägt Hemden der neuesten Mode. Sie sind ______________________ .

Evi ist für Musik sehr begabt. Sie ist ______________________ .

Florian sieht voller Neid auf Udos neues Mountainbike. Er ist ______________ .

Anna liest Bücher aus England. Sie liest ______________________ Bücher.

Dennis spricht die Sprache der Italiener. Er spricht ______________________ .

2 Übe mit einigen Sätzen von Aufgabe 1 das richtige Aufschreiben.

____

____

____

____

____

3 Wortbausteine bunt gemischt. Bilde Adjektive und schreibe sie auf.

© Diesterweg ISBN 3-425-01229-0

Lautqualitäten unterscheiden

1 Umkreise die betonten Laute grün, wenn du sie lang sprichst und rot, wenn du sie kurz sprichst.

2 Schreibe die Wörter von Aufgabe 1 geordnet auf.

kurz gesprochen

Bett,

lang gesprochen

3 Male für den kurz gesprochenen Laut einen Punkt ⊙ und für den lang gesprochenen Laut einen Strich ⊖ .

Stadt ○ Maschine ○ fühlen ○ plötzlich ○ Teller ○ Straße ○ bequem ○

Geburt ○ Messer ○ Paket ○ Meer ○ Sturm ○ Stiel ○ brav ○

© Diesterweg ISBN 3-425-01229-0

1 So kannst du dir die Verteilung der Schreibweisen vorstellen. Trage die fehlenden lang gesprochenen Wörter der Aufgaben 2 und 3 von Seite 44 hier ein.

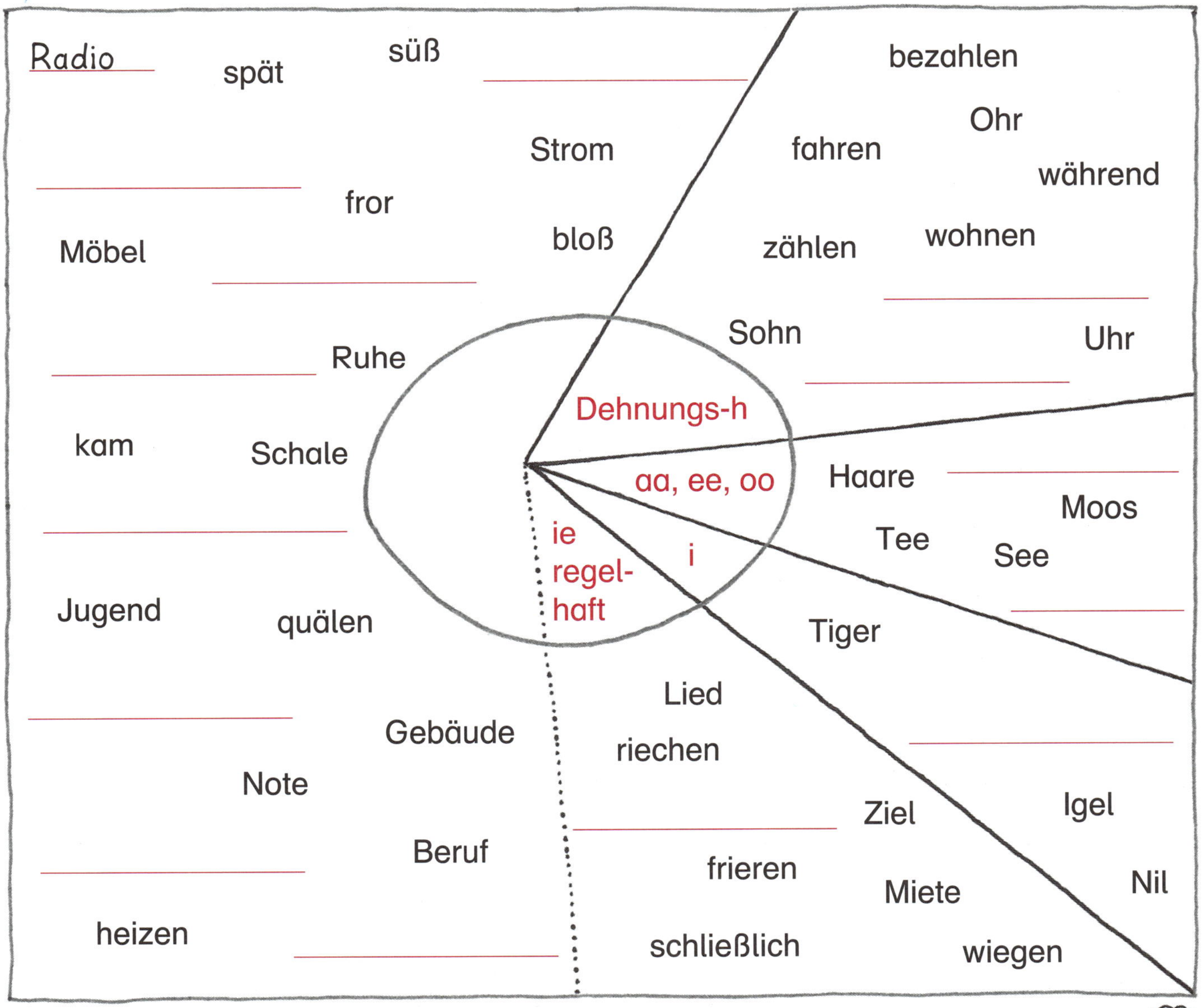

2 Schreibe mit den selbst eingetragenen Wörtern von Aufgabe 1 Sätze.

© Diesterweg ISBN 3-425-01229-0

ss oder ß

1 Trage die zum Bild passenden Wörter mit **ss** ein

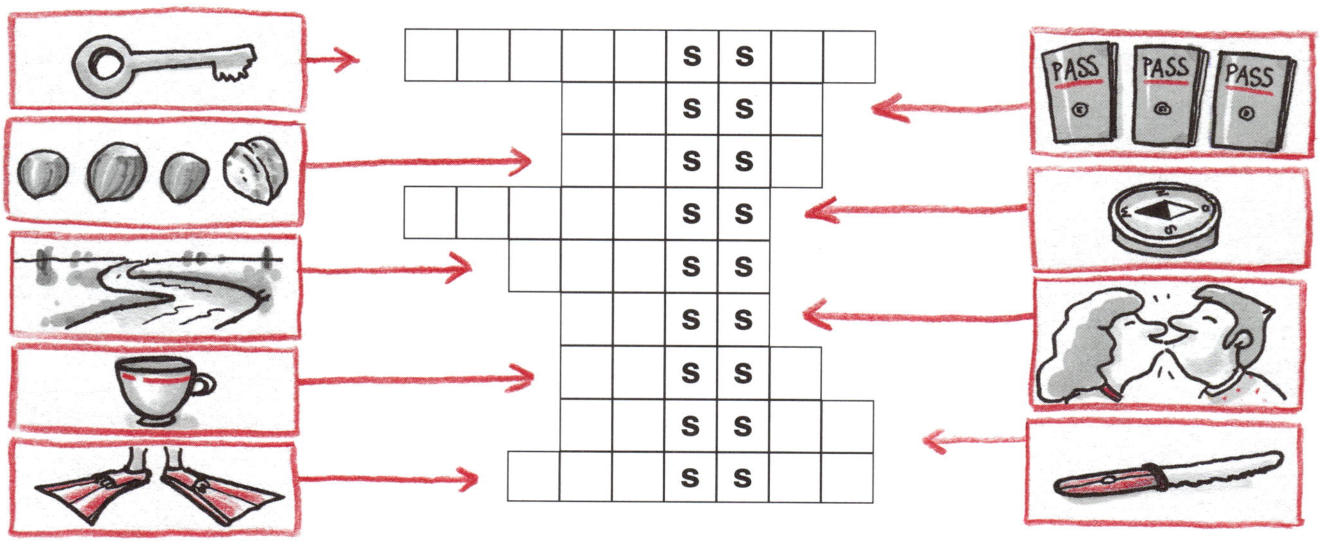

2 Schreibe zu einigen Wörtern von Aufgabe 1 ein Rätsel.
Beispiel: Damit kann ich Türen öffnen und schließen.

3 Lies die Wörter mit **ß**. Male den lang gesprochenen Laut vor dem **ß** bunt an.

groß	außen	weiß	schließlich	bloß	Maß
süß	fleißig	Straße	Strauß	Grüße	

4 Mit diesen Wörtern kannst du reimen.

weiß	Maß	außen	Grüße	fleißig
h______	Sp______	dr______	F______	dr______

5 Arbeite mit der ABC-Liste: außen, bloß, draußen, fleißig, grüßen, heiß, Maß, schließlich, Spaß, Straße, Strauß

© Diesterweg ISBN 3-425-01229-0

1 Schreibe die gezeichneten Verben auf. Alle Wörter haben ein **ß**.

g ____ fl ____ schl ____ b ____

2 Bilde mit den Wörtern von Aufgabe 1 und 2 zusammengesetzte Nomen/Substantive.

Korb | Fach | Band | Kanne

3 Schreibe mit den Wörtern der Aufgabe 2 eigene Sätze. Überprüfe, ob du alle Nomen/ Substantive großgeschrieben hast.

4 Ordne die Wortfamilien. Umkreise den Wortstamm farbig.

groß - süß - Spaß - Süßigkeit - vergrößern - spaßen - Größe - versüßen
spaßig - größer - Süßspeise - Spaßvogel - Großeltern - Späße - Süßstoff

5 Es gibt verschiedene Straßen. Schreibe einige auf.

Nebenstraße, ____

6 Arbeite mit der ABC-Liste: groß, Großeltern

© Diesterweg ISBN 3-425-01229-0

1 Ordne jede Wortfamilie nach **ss** und **ß**.

ss: ______________________________

ß: ______________________________

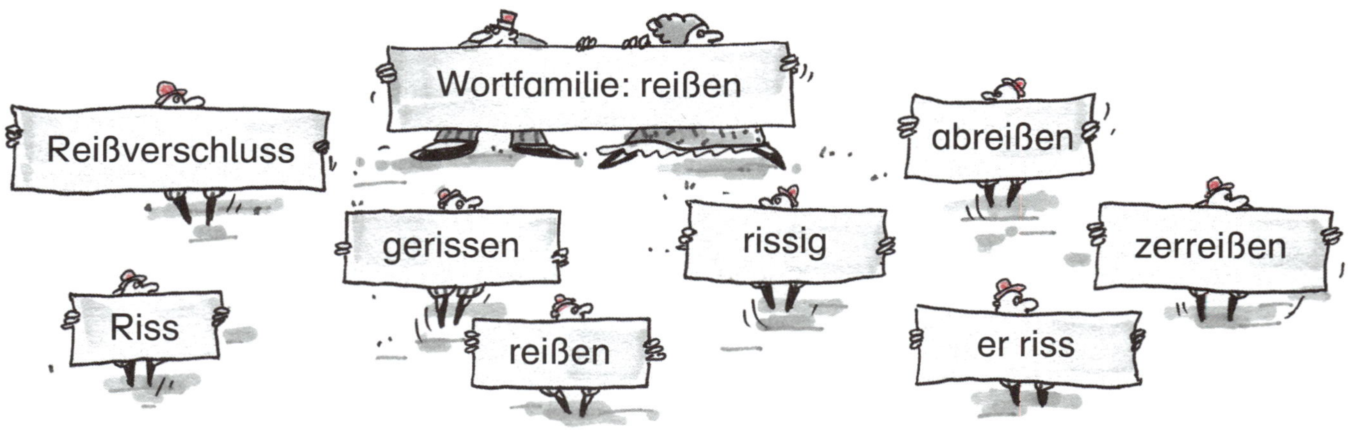

ss: ______________________________

ß: ______________________________

2 Schreibe mit diesen Wörtern eigene Sätze.

abbeißen - Gebiss - bissig - Reißverschluss - Riss - abreißen

© Diesterweg ISBN 3-425-01229-0

1 Suche senkrecht und waagerecht sieben Wörter mit **ß** und acht Wörter mit **s** aus den Gitterrätseln. Schreibe sie auf.

E	F	L	S	B	S
R	S	G	P	F	O
S	T	R	A	U	ß
G	O	U	ß	ß	E
M	ß	ß	O	N	F
S	T	R	A	ß	E

H	A	L	S	G	B
A	I	G	L	A	S
U	V	R	A	N	E
S	M	A	U	S	G
B	L	S	S	T	O
K	R	E	I	S	F

2 Setze die Wörter von Aufgabe 1 in die Mehrzahl. Zerlege sie in Silben und schreibe sie auf. Sprich dabei deutlich mit. Hörst du den Unterschied?

ß | **s**

Sträu - ße, | Häu - ser,

© Diesterweg ISBN 3-425-01229-0

3 Schreibe mit den **ß**-Wörtern von Aufgabe 1 Sätze.

1 Wörter mit Dehnungs-h! Trage sie ein und setze sie – wenn möglich – in die Mehrzahl.

2 Kannst du diese Wörter lesen? Schreibe sie auf und markiere die Aufpass-Stellen.

jährlich ähnlich ehrlich gefährlich gewöhnlich

3 Arbeite mit der ABC-Liste: ähnlich, ehrlich, Fehler, Jahr, jährlich, Lehrerin, Mehl, Ohr, Uhr, Vorfahrt

© Diesterweg ISBN 3-425-01229-0

1 Welche Ballons gehören zusammen? Schreibe die zusammengesetzten Nomen/Substantive auf und markiere die Aufpass-Stellen.

2 Setze die Wörter zusammen.

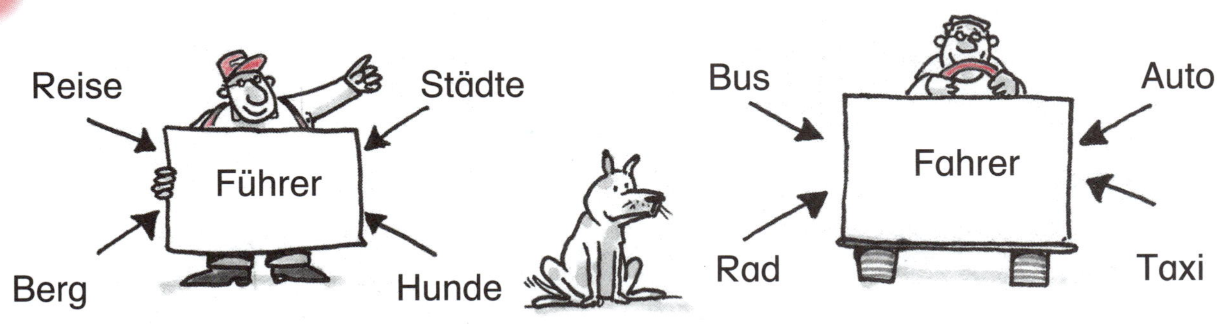

3 Markiere die Wörter mit einem Dehnungs-h.

Während der kühlen Jahreszeit solltest du nicht mehr ohne Jacke draußen spielen.

4 Schreibe mit jedem markierten Wort von Aufgabe 3 einen eigenen Satz.

5 Arbeite mit der ABC-Liste: Bahn, Draht, Höhle, kühl, Lohn, mehr, Nahrung, ohne

© Diesterweg ISBN 3-425-01229-0

Merkwörter mit Dehnungs-h

1 Bilde das dazugehörende Verb.

Lehrer ______	Rührung ______
Fahrer ______	Wahl ______
Führer ______	Fehler ______
Erzähler ______	Bohrer ______

2 Schreibe mit den Wörtern der ersten Spalte von Aufgabe 1 wie im Beispiel.

Lehrer	Lehrerin	Lehrerinnen
______	______	______
______	______	______
______	______	______

3 Setze passende Verben von Aufgabe 1 ein. Übe mit dem Text das richtige Aufschreiben.

Im Urlaub ______ wir an den Bodensee. Wegen Krankheit ______ heute drei Schüler. Die Klasse 4c ______ einen Klassensprecher. Die Kinder ______ ihre Erlebnisse vom Wochenende. Herr Mader ______ uns zur Theatervorstellung in die Aula.

4 Arbeite mit der ABC-Liste: bohren, führen, rühren, ungefähr, wählen

© Diesterweg ISBN 3-425-01229-0

1 Mit den Wortbausteinen -ung und -keit kannst du Nomen/Substantive bilden. Schreibe sie geordnet auf.

ernähren - gefährlich - ehrlich - erzählen - ähnlich - belohnen

-ung	-keit

2 Drei Wortfamilien haben sich vermischt. Ordne sie.

Bahn – Wahl – Lehrstelle – anbahnen – lehren – Bahnsteig – Wähler – Lehrer – auswählen – wählen – bahnen – Lehrling – Lehre

BAHN ______

LEHR ______

W(Ä)AHL ______

3 Finde zu den Wortstämmen FAHR, WOHN und ZAHL passende Wörter.

FAHR ______

WOHN ______

ZAHL ______

4 Suche dir von Aufgabe 1 einige Wörter aus und bilde Sätze. Überprüfe, ob du an das Dehnungs-h gedacht hast.

5 Arbeite mit der ABC-Liste: ernähren, kühlen, Lehrer

© Diesterweg ISBN 3-425-01229-0

Nachdenkwörter mit h

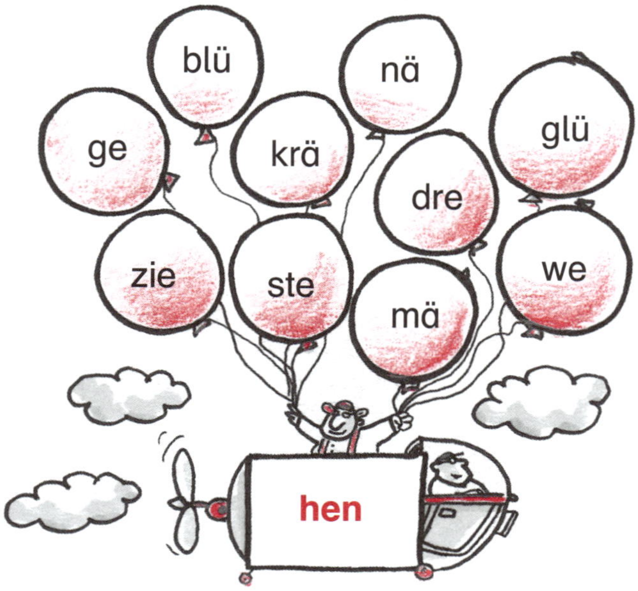

1 Schreibe die Verben in Silben zerlegt auf und sprich dazu.

ge - hen, ______________________________

____

____

____

____

2 Setze die richtigen Verben von Aufgabe 1 ein.

So ist es noch in vielen Ländern

Der Bauer ______________ früh auf. Er ______________ auf die Felder und ______________ das Getreide mit der Sense. Ein Esel ______________ den Karren. Der Wind ______________ kräftig und ______________ die Flügel einer Windmühle. Die Frau ______________ die Kleidung mit der Hand.

3 Übe mit den Sätzen von Aufgabe 2 das richtige Aufschreiben.

4 Bilde mit den Verben von Aufgabe 1 und den folgenden Wörtern zusammengesetzte Nomen/Substantive.

Maschine - Weg - Brunnen - Stuhl - Lampe - Birne

© Diesterweg ISBN 3-425-01229-0

1 Sprich deutlich und schreibe in Silben zerlegt auf.

  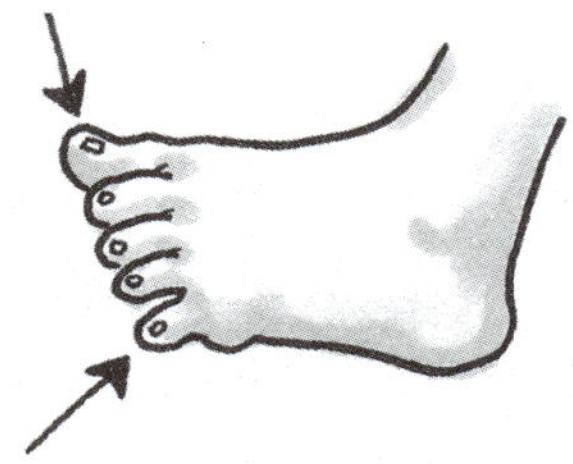 

F ______ R ______ Z ______ E ______

2 Bei diesen Wörtern hilft dir die Mehrzahl. Schreibe sie in Silben zerlegt auf.

______ ______ ______ ______

3 Setze ein und übe dann das richtige Aufschreiben.

nah - froh - früh - roh

______ Ostern !	______ Eier sind zerbrechlich.	Eine ______ Hütte bot uns Schutz.	Warum bist du nicht ______ gekommen?

 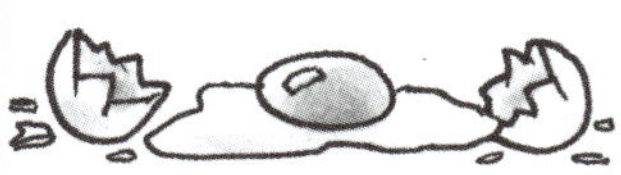  

4 Bilde zusammengesetzte Nomen/Substantive und schreibe sie auf.

nähen – Verkehr – stehen – Drescher – Stuhl – nah – früh – drehen – Maschine – Imbiss – mähen – Jahr

______

______

______

© Diesterweg ISBN 3-425-01229-0

Merkwörter mit doppeltem Selbstlaut

1 Fahre die Wörter mit einem doppelten Selbstlaut farbig nach. Löse mit ihnen die Rätsel.

R	L	B	E	E	R	E	N	I	T
I	M	O	O	S	Z	O	O	K	S
D	O	O	F	T	P	B	M	A	C
E	O	T	H	A	A	R	E	F	H
E	R	L	W	A	A	G	E	F	N
L	E	E	R	T	R	O	R	E	E
A	K	L	E	E	M	K	T	E	E

waagerecht:

Vogelfutter: ______________

weiches Polster im Wald: ______________

Tierpark: ______________

anderes Wort für dumm: ______________

Du kämmst sie: ______________

Damit wiegst du etwas ab: ______________

Gegenteil von voll: ______________

Futterpflanze: ______________

Getränk: ______________

senkrecht:

Gedanke: ______________

Feuchtgebiet: ______________

kleines Schiff: ______________

Italien ist ein ______________.

Zwei, die zusammen gehören: ______________

riesiges Gewässer: ______________

schwarzes Getränk: ______________

Im Winter fällt ______________.

© Diesterweg ISBN 3-425-01229-0

2 Bilde aus den Rätseln und den Lösungswörtern Sätze. Beispiel: Beeren sind ...

3 Arbeite mit der ABC-Liste: Beere, Idee, Kaffee, Klee, leer, Moos, Paar, Schnee, Staat, Tee, Zoo

1 Verbinde die passenden Bilder mit den Luftballons und schreibe das zusammengesetzte Nomen/Substantiv auf.

2 Setze zusammen und schreibe die Wörter auf.

3 Welche zusammengesetzten Nomen/Substantive mit **Boot** findest du?

© Diesterweg ISBN 3-425-01229-0

Merkwörter mit v/V

1 Suche die Lösungswörter aus dem Gitterrätsel. Fahre sie bunt nach und schreibe sie auf.

A	V	E	R	K	E	H	R	M	V
V	O	R	M	I	T	T	A	G	I
E	R	V	V	O	K	A	L	T	E
R	F	I	O	V	O	L	L	V	L
L	A	T	R	V	E	N	T	I	L
I	H	A	W	V	O	L	K	E	E
E	R	M	Ä	V	A	S	E	R	I
R	T	I	R	V	A	T	E	R	C
E	U	N	T	V	Ö	G	E	L	H
N	A	E	S	A	X	D	R	O	T

waagerecht:

Tageszeit: ____________________

Fachbegriff für Selbstlaut: ____________

Er herrscht auf den Straßen: __________

Die Deutschen sind ein ______________.

Gegenteil von leer: _________________

Star, Amsel und Meise sind __________.

Verschluss am Fahrradreifen: _________

Behälter für Blumen: ____________

Elternteil: ____________________

senkrecht: wichtig für die Gesundheit: ______________

Ein Auto, das zuerst fahren darf, hat ______________.

Gegenteil von rückwärts: ______________

Gegenteil von finden: ______________

vermutlich: ______________ Zahl: __________

2 Schreibe mit den Wörtern von Aufgabe 1 ganze Sätze.
Beispiel: Auf der Straße herrscht viel Verkehr.

3 Arbeite mit der ABC-Liste: Vase, Verkehr, vielleicht, vorwärts

© Diesterweg ISBN 3-425-01229-0

1 Setze die Wörter zusammen und schreibe sie auf.

Vogel | Vater | Käfig | Stall | Ball | Vorfahrt(s)

Eis | Völker | Vanille | Vieh | Straße | groß

2 Die Wortbausteine **ver-** und **vor-** brauchst du häufig. Setze zusammen und schreibe die neuen Verben auf.

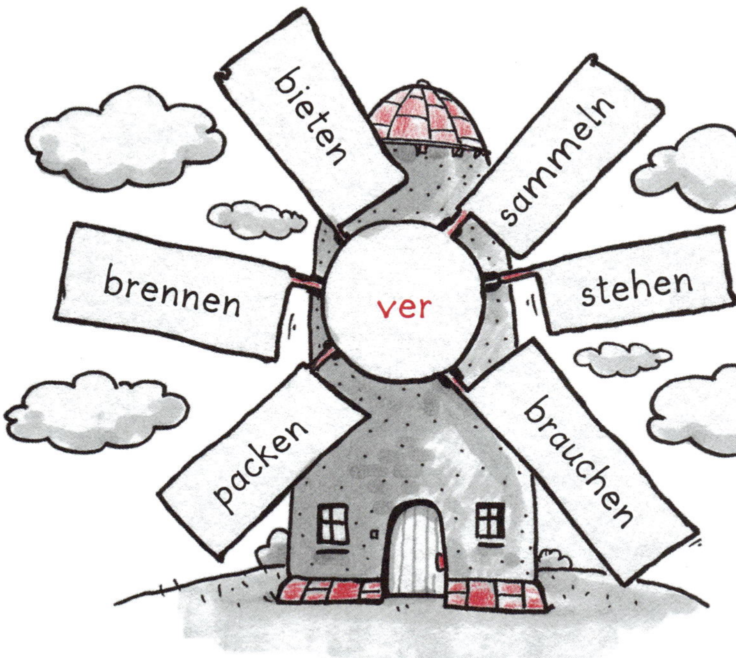

3 Aus den Verben von Aufgabe 2 kannst du Nomen/Substantive bilden. Schreibe sie mit den Artikeln auf.

VER-

VOR-

© Diesterweg ISBN 3-425-01229-0

Merkwörter mit dem ks-Laut

1 Fahre die Wörter mit **x** mit verschiedenen Farben nach.

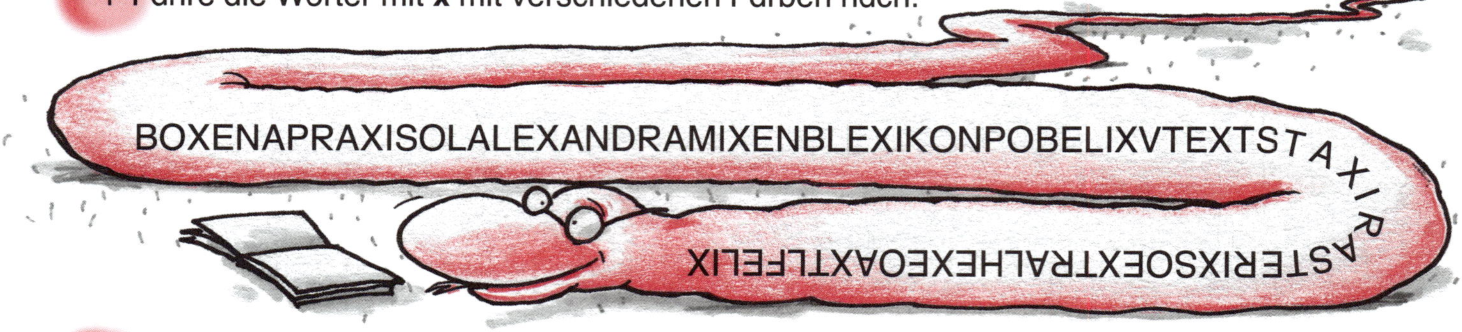

2 Schreibe die Wörter von Aufgabe 1 auf.

____

____

____

3 Setze Wörter von Aufgabe 1 ein und übe mit dem Text das richtige Aufschreiben.

__________ schlägt im __________ nach. Der __________ ist interessant. __________ liest das Buch „Die kleine __________". Evi schaut den Film „__________ und __________ bei den Galliern" an. Vater hat sich mit der __________ verletzt. Er fährt mit dem __________ zur __________ des Arztes. Der Apotheker __________ ihm __________ eine Heilsalbe.

4 Arbeite mit der ABC-Liste: boxen, extra, Hexe, Lexikon, mixen, Praxis, Taxi, Text

© Diesterweg ISBN 3-425-01229-0

1 Diese Schlange hat Wörter mit **chs** verschluckt. Fahre sie mit verschiedenen Farben nach.

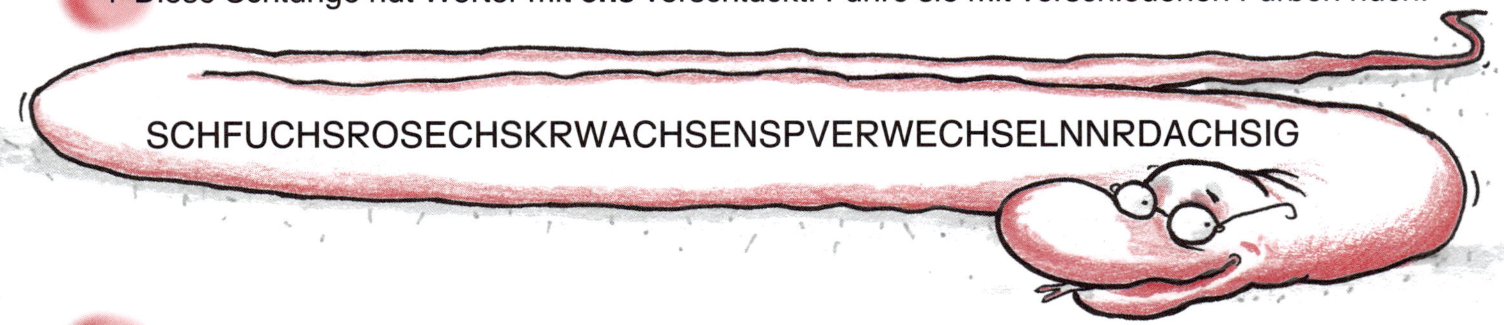

2 Schreibe die Wörter aus der Schlange auf.

3 Ordne die beiden Wortfamilien und kreise den Wortstamm jeweils farbig ein.

wachsen	Wildwechsel	Wachstum	verwechseln	wächst
Gewächs	Wechselgeld	erwachsen	abwechseln	wechseln

wachsen,

wechseln,

4 Wörter mit **ks** oder **cks**. Schreibe mit jedem Wort einen eigenen Satz.

links:

Kekse:

Kleckse:

5 Arbeite mit der ABC-Liste: Dachs, Fuchs, Gewächs, links, wechseln

© Diesterweg ISBN 3-425-01229-0

1 Setze die Anredepronomen richtig ein und schreibe den Brief auf.

Lieber Antonio,

vielen Dank für __________ Brief. Ich muss _______ ein Kompliment machen, _____ kennst schon viele deutsche Wörter. Leider verstehe ich ________ Sprache kaum. Was machst _____ in den Ferien? Wir würden _______ und ________ Schwester gern nach Deutschland einladen. Mein Vater hat geschäftlich in Trient zu tun und könnte ________ im Auto mitnehmen. Was sagst _____ zu dieser Idee?

Tanti saluti, _________ Brieffreund Tim

2 Setze die Anredepronomen richtig ein und schreibe den Brief auf.

Sehr geehrter Herr Härtling,

wir haben in der Schule _______ Buch „Ben liebt Anna“ gelesen. Nun kommen wir mit einer Frage und Bitte zu _________ . Würden ______ eine Autorenlesung an unserer Grundschule halten? Wir wissen, dass ______ wenig Zeit haben, aber bei uns gibt es viele Schüler, die _____ und ________ Bücher kennen lernen möchten.

Auf _______ Antwort sind wir sehr gespannt.

Mit freundlichen Grüßen, ________ Klasse 4a der Grundschule Durach

© Diesterweg ISBN 3-425-01229-0

1 Nummeriere die Sätze, die bei der wörtlichen Rede zusammenpassen, mit gleichen Zahlen.

(1) Helga jubelt:	( ) Mein Fuß tut so weh!
( ) Lisa erkundigt sich am Schalter:	( ) Ich habe im Preisausschreiben ein Fahrrad gewonnen!
( ) Der Polizist fordert den Fahrer auf:	( ) Wir könnten ins Kino gehen.
( ) Lena schlägt vor:	( ) Wann bist du mit deinen Hausaufgaben fertig?
( ) Der kleine Junge jammert:	( ) Wann fährt der Zug nach München?
( ) Mutter mahnt:	( ) Zeigen Sie mir bitte Ihren Führerschein!
( ) Jochen fragt seinen Freund:	( ) Ich habe gestern ein spannendes Buch gelesen.
( ) Niklas erzählt:	( ) Komm bitte nicht zu spät!

2 Schreibe die Sätze richtig auf. Achte auf die Satzzeichen.
Beispiel: Helga jubelt: „Ich habe im Preisausschreiben ein Fahrrad gewonnen!“

3 Stelle Begleitsatz und Sprechsatz um. Achte auf die Satzzeichen und auf die Schreibweise nach dem Komma.
Beispiel: „Ich habe im Preisausschreiben ein Fahrrad gewonnen!“, jubelt Helga.

© Diesterweg ISBN 3-425-01229-0

ähnlich	boxen	erzählen	gefährlich
Apfelsine	Cent	extra	Gerät
außen	Clown	fahren	Gewächs
Bahn	Computer	Fax	gießen
Beere	Container	Fehler	groß Großeltern
beißen	Dachs	fleißig	grüßen
Benzin	Draht	fließen	Haare
bloß	draußen	er fraß	Handy
bohren	ehrlich	Fuchs	heiß
Boot	ernähren	führen	heißen hieß

© Diesterweg ISBN 3-425-01229-0

Hexe	Krokodil	Mädchen	nehmen nahm
hohl Höhle	kühl kühlen	Maschine	ohne
Idee	Lärm	Maß	Ohr
Information	Lawine	Medizin	Paar
Interesse	leer	Meer	Praxis
Jahr jährlich	Lehrer Lehrerin	Mehl	Recycling
Käfer	Lexikon	mehr	reißen
Kaffee	er ließ	mixen	rühren
Käfig	links	Moos	er saß
Klee	Lohn	Nahrung	schießen

© Diesterweg ISBN 3-425-01229-0

schließen schließlich	süß Süßigkeit	Verkehr	Waage
Schnee	Taxi	verspäten	wachsen wuchs
See	Tee	Video	wählen
Skizze	Text	vielleicht	während
Spaß	Theater	Vitamine	wechseln
Staat	Tiger	voll vollständig	Zahl
Stadt	Träne	Vorfahrt	Zoo
Straße	Uhr	vorwärts	
Strauß	ungefähr		
Stuhl	Vase		

© Diesterweg ISBN 3-425-01229-0

M

Mädchen
Magnet
mähen
Mai
Mann, Männer
Mäppchen, Mappe
markieren
Maschine
Maß
Medien
Medizin
Meer
Mehl
mehr, Mehrzahl
messen, misst, maß
Messer
Miete, mieten
Mittag, Mitte
Mittwoch
mixen, Mixer
Moos
Müll
Musik, musikalisch
Mutter

N

nach, nächste
nah, Nähe
nähen, Naht
Nahrung, ernähren
nass, Nässe
Natur, natürlich
nehmen, nimmt, nahm, genommen
nennen, nannte
neu, neugierig
nicht, nichts
nie
niemals
niemand, niemanden
Nummer, nummerieren
Nuss, Nüsse
nützen, nützlich

O

ob
offen, öffnen
ohne
Ohr
ordentlich, ordnen, Ordnung

P

(ein) paar, (das) Paar
Päckchen, packen
Paket
Papier
Pass, Pässe
passen
passieren
Pflanze, pflanzen
pflücken
Pilz
Pizza
Platz, Plätze
plötzlich
probieren
Programm
Pullover
Punkt, pünktlich
Puppe
putzen

Qu

Quadrat
Qual, quälen
quatschen
Quelle
quer, überqueren

R

Rad, Räder
radieren
Radio
raten, Rätsel
rechts
Recycling
Reh, Rehe
reiben, rieb
reißen, riss
rennen, rannte
Reporter
richtig
riechen, roch, Geruch
rufen, rief
Ruhe, ruhig
rühren

S

Sack, Säcke
Säge
sammeln, Sammlung
Satz, Sätze
sauber, säubern
saugen, Säugling
schaffen, Schaffner
Schale, schälen
Schall
schalten, Schalter
scharf, Schärfe
Schatten, schattig
Schaum, schäumen
schieben, schob
schief
schimpfen
schlafen, schlief
schließen, schloss
schließlich
Schluss
Schlüssel
schmecken, Geschmack
schmieren
Schmutz, schmutzig
Schnee
Schrank
Schreck, schrecklich, erschrecken
Schrei
schreiben, schrieb
schreien, schrie
Schriftsteller
Schuh, Schuhe
schütteln
Schutz, schützen
schweigen, schwieg
schwierig, Schwierigkeit
schwimmen, schwamm, geschwommen
schwitzen
See
sehen, sieht, sah
sehr
seit
setzen, besetzt
Sieb, Siebe
Sieg, siegen
sitzen, saß
Skizze, skizzieren
Sohn
Spagetti
Spaß, Späße
spät, verspäten
spazieren, Spaziergang
Spiegel, spiegeln
spielen, Spielzeug
Spinne
spitz, Spitze
Spritze, spritzen
Stab, Stäbe
Stadt, Städte
Stamm, Stämme
stark, stärken
stehen, stand
steigen, stieg
Steuer
Stiel
stimmen, bestimmt
Stoff

Fahrrad
fallen, fiel
Fax
Fehler, fehlerfrei
Ferien
fernsehen, Fernseher
fertig
fett, Fett
feucht, Feuchtigkeit
Feuer
Fichte
Fisch
Fleiß, fleißig
fliegen, flog
fließen, floss
Floh, Flöhe
Flug, Flüge
Flugzeug
Fluss, Flüsse
Flüssigkeit
frei, Freiheit
fressen, frisst, fraß
Frieden, friedlich
frieren, fror
froh
fröhlich, Fröhlichkeit
früh, Frühstück
Frühling
Fuchs
fühlen, Gefühl
führen, Führung
füllen, Füller
Fuß, Fußgänger

G

Gans, Gänse
ganz, ganze, ganzer
Gebäude, bauen
Geburt, Geburtstag
Gefahr, gefährlich
geheim, Geheimnis
gehen, ging
Geld, Gelder
Gemeinde
Geräusch, rauschen
Geschäft, schaffen
geschehen, geschieht, geschah
Gesetz
gesund, Gesundheit
gewinnen, gewann, gewonnen
Gewitter
gießen, goss
glatt, Glätte
glauben, gläubig
Glück, glücklich
glühen
Gott
groß
Gruß, grüßen

H

Haare
Hahn
halbieren
halten, hielt
Handy
Hang, hängen
hart, härter
Haufen, häufig
Hecke
heiß
heißen, hieß
heizen, Heizung
herstellen, Herstellung
Herz
heute
Hexe
hier
Hitze, erhitzen
hoffen, hoffentlich, Hoffnung
Höhe
hohl, Höhle
Hunger, hungrig

I

Idee
ihm
ihn, ihnen
ihr, ihre
immer
impfen, Impfung
Information, informieren
innen
ins
interessant, Interesse
italienisch

J

Jacke
jagen, Jäger
Jahr, jährlich
Jahreszeit
jede, jeder, jedes
jemand, jemanden
jetzt
Jugend, jugendlich
jung
Junge

K

Käfer
Kaffee
Käfig
Kamm, kämmen
Kanne
Käse
Kassette
kaufen, Käufer
kennen, kannte
Kiefer
klar, erklären
Klee
klettern
Knie
Koffer
kommen, kam
Kompass
Kraft, kräftig
krähen
kratzen
Kreuz, Kreuzung
kriechen, kroch
Krieg, Kriege
Krokodil
Kuh, Kühe
kühl, kühlen
Kuss, küssen

L

Lampe
Land, Länder
lang, länger
Lärm
lassen, lässt, ließ
Laub
laufen, lief
laut, läuten
Lawine
leer
Lehrer, Lehrerin, Lehrerinnen
leihen, lieh
lesen, liest, las
letzte, letzter
leuchten
Leute
Lexikon
lieb, lieben
Lied, Lieder
liegen, lag
Lineal
links
Lippen
Löffel
Lohn, belohnen

© Verlag Moritz Diesterweg

A

ab
aber
addieren
ahnen, ähnlich
alle
als
also
alt, älter
ändern, anders
Angst, ängstlich
Apfelsine
ärgerlich, ärgern
Arzt, Ärztin
aufpassen
aufräumen, Raum
aufwecken, Wecker
außen, äußerlich

B

backen, Bäcker
Bagger
Bahn
Beere
Beginn
beginnen, begann, begonnen
Beispiel
beißen, biss
beleuchten
Benzin
beobachten
bequem
bereit, bereits
Berg, Berge
Beruf
besser, verbessern
Bett
bevor
bezahlen
Bibel
Biber
biegen, bog
Biene
bis
bisschen
bleiben, blieb
Bleistift
Blick, blicken
blind, Blinde
Blitz, blitzen
Block
bloß
blühen
bohren, Bohrer
Boot
boxen, Boxer
Brand, Brände
braun, bräunen
brav
Bremse, bremsen
brennen, brannte
Brief
Brille
Brücke
Bruder
buchstabieren
Burg, Burgen
Bus, Busse

C

Cent
Christ, christlich
Clown
Computer
Container

D

Dachs
dann
Decke, entdecken
denn
des
deutlich
deutsch, Deutschland
dick
Dieb, Diebe
dies, diese, dieser
Diskette
Donner, donnern
Draht, Drähte
draußen
Dreck, dreckig
drehen
Druck, drücken
dumm, Dummheit
dünn
Durst, durstig

E

Ecke, eckig
Ehepaar
ehrlich
eigentlich
Eltern
empfinden, empfindlich
Ende, endlich
englisch
entfernen, Entfernung
entgegen
enttäuschen
entwickeln, Entwicklung
Erdbeere
erklären, klar
erlauben, Erlaubnis
erleben, Erlebnis, Erlebnisse
erschrecken, erschrak
erwarten, Erwartung
erzählen, Erzählung
essen, isst, aß
euch, euer, eure
Europa
extra

F

Fabrik
Fahrbahn
fahren, fuhr

stoßen, stieß
Strand, Strände
Straße
Strauch, Sträucher
Strauß, Sträuße
Streit, streiten
Strick, stricken
Strom, strömen
Stück
studieren
Stuhl, Stühle
Sturm, stürmisch
subtrahieren
süß, Süßigkeit

T

Tanne
Tasse
tausend, tausende
Taxi
Technik
Tee
Telefon, telefonieren
Teller
Text
Theater
Thermometer
tief, Tiefe
Tier
Tiger
Tomate
Träne
Traum, träumen
treffen, trifft, traf, getroffen
treiben, trieb
trocken

U

über
überqueren, quer
Überraschung
Uhr
umkehren
Unfall, Unfälle
ungefähr
unten, unter
Unterricht
Urlaub

V

Vanille
Vase
verbieten, verbot
verbrauchen
verbrennen, verbrannte
Verbrennung
Verein, vereinen
vergessen, vergisst, vergaß
verkaufen, Verkäufer
Verkehr
verletzen, Verletzung
verlieren, verlor
verpacken, Verpackung
verschmutzen, Verschmutzung
verstehen, verstand
verwechseln
viel
vielleicht
vier
Viereck
vierzig
Vitamine
Vogel, Vögel
voll, vollständig
vom
von
vor
Vorfahrt
Vormittag
Vorsicht, vorsichtig
vorwärts

W

Waage
wachsen, wuchs, Gewächs
Wahl, wählen
wahr
während
Wald, Wälder
Wanne
wechseln
wecken, Wecker
Weg, Wege
weh, wehe
weihen, Weihnachten
weiß
wichtig
wie
wieder
wiegen, wog
wild, wilde
wissen, weiß, wusste
wohnen, Wohnung

Z

Zahl, zählen
Zahn, Zähne
zeichnen
Zeitung
Zeugnis, Zeugnisse
ziehen, zog
Ziel, zielen
Zoo
Zug, Züge
Zukunft, zukünftig
zuletzt
zur
zurück
zusammen
Zwiebel